CONSIDÉRATIONS DIVERSES

SUR

LA SITUATION DE LA FRANCE.

CONSIDÉRATIONS DIVERSES

SUR LA

SITUATION DE LA FRANCE,

PAR M.****,

CAPITAINE DE LA GARDE NATIONALE DE LOUÉ.

AU MANS,

DE L'IMPRIMERIE DE MONNOYER, RUE S.t-DOMINIQUE.

1831.

CONSIDÉRATIONS DIVERSES

SUR

SUR LA SITUATION DE LA FRANCE.

AVANT la révolution, la société se divisait en deux classes, une semblable aux plantes parasites et l'autre qui, par son travail, était chargée de satisfaire aux besoins des premiers.

Les choses peuvent aller ainsi, tant que dans une nation il s'en trouve assez qui veulent bien se charger de ce dernier rôle, qui tôt ou tard devient insuportable à celui qui le remplit. L'abrutissement d'un peuple peut seul prolonger un tel état de choses ; aussi nous semble-t-il tout naturel que ceux qui regrettent le bon vieux temps, et dont le cœur est tout dans le passé, soient les ennemis déclarés de nos institutions libérales.

Aussitôt que ceux qui n'avaient reçu en partage que la misère et l'esclavage se sont avisés de penser qu'il était assez naturel qu'ils participâssent aux bienfaits que la nature semble accorder à tous les hommes, les autres s'y sont opposés ; de cette résistance est venue cette terrible lutte qu'on appelle révolution. Elle ne fut point, comme des personnes veulent le prétendre, produite par quelques effets dus au hasard : il est des époques marquées où les nations sont appelées à changer de condition ; c'est surtout aujourd'hui que cette vérité se fait sentir dans toute sa force. Un spectacle nouveau, et qui est sans exemple, se présente ; c'est celui de toutes les nations à la fois qui veulent être libres. Prétentions bien légitimes sans doute, mais qui malheureusement ne peuvent se réaliser pour toutes également ; celui qui tient entre ses mains le sort des peuples et des rois paraît en avoir décidé autrement ! il divise les états en deux classes, l'une de vainqueurs et l'autre de vaincus. Ce rôle paraît leur être prescrit dès l'origine du monde ; aussi les grands empires ne se sont-ils élevés que sur les ruines des autres cités : la misère et la faiblesse des uns fait la puissance des autres.

Devant la majorité du peuple viendront échouer tous les systèmes aussi bien que la diplomatie. Hommes à doctrines impopulaires, vous aurez beau faire vous serez entraînés et brisés dans le mouvement ; les révolutions ne transigent jamais, il est dans leur nature d'anéantir tout ce qui s'oppose à leur marche.

Ceux-là sont bien imprudents qui veulent refouler toute une population dans des sentiers qu'elle a quittés pour ne plus y rentrer. Gardez-vous surtout, ministres suffisans, de prendre le calme que nous montrons pour une soumission aveugle à vos volon-tés! ne voyez-vous pas au contraire que vous marchez isolément et que le petit nombre qui s'attache à vos pas, vous abandonnera le jour où le budget ne sera plus entre vos mains.

Le temps de nos prospérités a déjà fui loin de nous. Qu'on ne s'y trompe pas! cette aisance qui éblouit encore nos yeux n'est plus que factice; tout est bien changé, le peuple français a touché les bornes de la prospérité et revient à grands pas vers l'état de misère d'où il était parti : nous disons plus ; sa position présente n'est même pas ce qu'elle fut avant la révolution; nous osons surtout prédire que bientôt elle ne sera plus suportable. Des abus se reproduisent, sinon de la même manière, du moins sous d'autres formes.

Aux anciens privilégiés, des hommes nouveaux ont succédé. Ils possèdent les places, les sinécures, les dignités, et disposent du trésor avec une profusion effrayante. Ces hommes sont d'une telle trempe qu'aucuns des orages politiques qui ont passé sur la France, n'ont pu les ébranler. Aussi pour satisfaire à tant de prétentions a-t-il fallu établir des impôts, puis impôts sur impôts ; on se fait un budget à volonté et au lieu de posséder des fonds de terre on se contente d'en toucher les revenus ; et au train que vont les choses, bientôt la moitié des Français ne seront plus que fermiers de l'autre moitié ; ce qui, par d'autres voies, doit nous ramener au point d'où nous étions partis il y a cinquante ans : et en effet, à quoi me sert d'avoir des propriétés si, sous mille formes d'impôts, le gouvernement s'en rend l'usufruitier ?

Aussi le budget est devenu une chose si attrayante qu'on ne va plus comme autrefois au-delà des mers pour y courir les chances d'une fortune aventureuse ; on court après les places ; c'est une nouvelle branche d'industrie fort productive et qui réussit à beaucoup de personnes. Dans un tel débordement il est une infinité d'hommes qui prennent le budget pour la patrie.

En vain, nous dira-t-on, que ce n'est plus la même France, qu'il y règne une aisance qu'elle n'avait jamais connue, qu'elle occupe le premier rang parmi les nations : nous disons, au contraire, qu'elle ressemble à une coquette surannée qui a conservé quelques restes de ses attraits, mais qui ne sont plus que factices, et auxquels l'illusion seule peut prêter quelques charmes ; en y regardant de près on aperçoit des rides : les rides de la France ce sont ses impôts !

Loin de croire qu'elle occupe le premier rang, nous lui contestons les avantages qu'elle possédait il y a cinquante ans, car à cette époque tous les débouchés *extérieurs* étaient ouverts à notre commerce, tandis qu'aujourd'hui, avec une grande augmentation d'industrie, nous ne trouvons bientôt plus de débouchés; et réduit à sa seule consommation intérieure que deviendra le commerce en France? ajoutons que la moitié des Français se sont créés des besoins qu'ils ne connaissaient pas alors. Il n'en est plus parmi eux qui veuillent reprendre le rôle de serfs; ils sont au contraire devenus bien autrement exigeants. Quel sera donc le sort de cette population devenue toute industrielle, qui s'agite en tout sens pour ne pas descendre du rang où elle s'était élevée? des talents en tous genres qui ne trouvent plus à s'utiliser? enfin dans les états de toutes conditions, la trop grande abondance de sujets se fait sentir; il y a une concurrence qui finira par tout paraliser.

Deux causes principales s'opposent à notre prospérité passée : la première, c'est que nos victoires ne nous enrichissent plus des dépouilles de nos voisins et que d'autres ont pris notre place. Cette superbe France ne marche plus qu'à leur suite : dans les différents qui s'élèvent de nations à nations elle ne peut plus se montrer sévère, et comme au temps de Brennus, jeter son épée dans la balance. En second lieu, sondant notre malaise, nous voyons que les lumières, et l'industrie qui marche à leur suite, ont bientôt fait le tour du monde, et partout où nos productions se présentent, nous trouvons, sinon, des rivaux, dumoins des nations qui se suffisent à elles-mêmes. Disons plus, il en est une qui ne souffrirait pas que nous portassions notre trop plein hors nos frontières, elle veut avoir seule le monopole du commerce. Voyez seulement ce qu'était jadis à notre égard l'Espagne et le portugal et quel est le rôle qu'y joue *notre alliée* l'Angleterre, et quel est l'avantage qu'en retire la France pour prix de son sang et de ses trésors! malheur aux peuples qui dans leurs démêlés la prennent pour arbitre! elle les met en tutelle et sous le masque trompeur d'*alliée et d'amie* elle frappe leur commerce de stérilité pour y mettre le sien à la place.

Cette conduite, au surplus, n'a pas lieu de nous étonner beaucoup; c'est d'après ce système qu'elle fonde sa puissance; elle veut dominer et ne point avoir de rivale sur les mers. Attaquer son commerce c'est lui porter le coup de la mort, puisqu'elle n'existe et ne peut exister que par lui : et si sous le gouvernement impérial le systême de *blocus continental* n'a été qu'un rêve, comme certaines personnes veulent le prétendre, d'autres avec peut-être plus de raison, l'ont regardé comme devant attaquer son gouvernement précisément par sa base.

Qu'il nous soit permis d'en faire un à notre tour; supposons que toutes les nations soient arrivées à un tel état de civilisation qu'elles renferment dans leur sein assez d'industrie pour se suffire à elles-mêmes, que le tout ne se borne qu'à l'échange de quelques denrées; l'Angleterre, nous le demandons, réduite à son propre sol, que deviendra-t-elle ? dès ce moment nous ne la considerons plus que comme une nation descendue à l'un des derniers rangs ; car tout milord qu'on soit, de quelle utilité nous deviennent les guinées et les lingots s'ils restent dans nos coffres sans pouvoir les utiliser? la vraie richesse impérissable, ce sont les biens fonds.

A quoi me servira d'avoir de l'industrie qui produise au-delà des besoins de mon pays, le jour où les lumières et les arts auront fait le tour du monde et que les seules contrées où notre commerce pourrait encore se porter, l'Angleterre nous en ferme les ports? si enfin de telles suppositions venaient à se confirmer, l'industriel n'aurait sans doute plus qu'à réaliser ses capitaux pour les reporter sur les biens-fonds.

De ce que les capitaux vont nécessairement refluer sur l'agriculture il devra en résulter une hausse sur le prix des terres : c'est ce que nous voyons chaque jour se réaliser ; elles augmentent d'une manière bien sensible, tandis que les objets qui sont de pure main-d'œuvre, et qui tiennent au luxe, sont toujours en baisse ; les autres qui sont de première nécessité, et pour les besoins de la vie, augmentent chaque jour d'une manière prodigieuse; et la chose deviendrait bien plus sensible encore si on ne faisait pas produire à la terre davantage qu'autrefois. Mais cette grande abondance va bientôt disparaître ; le gouvernement paraît s'être réservé le soin de nous l'enlever, cette seule industrie qui nous reste, en frappant chaque jour la propriété de nouvelles taxes.

Nous admettons volontiers que les conditions ne peuvent être égales, que dans un état civilisé la fortune est échelonnée, que la distance entre le premier et le dernier échelon est toujours grande ; mais il y a loin de cette distinction des rangs, à la condition d'une classe privilégiée qui s'augmente chaque jour dans une proportion effrayante : nous voulons parler des gens à places qui, à la faveur du budget, se groupent dans tous les échelons. Ceux qui se trouvent au pied et qui ne sont point appelés à s'y placer n'ont d'espoir que dans leur travail, que l'énormité des impôts rendra bientôt de nulle ressource pour eux, si le fisc absorbe ce qu'ils recueillent.

Si, après tout, il prenait fantaisie à ceux-ci de s'ennuyer de leur position et de vouloir la renverser? des souvenirs assez récents ne nous disent-ils pas que de telles chutes ne sont point impossibles!

Que si ensuite, pour avoir part au budget et obtenir un emploi, il faille se prendre d'un égal amour pour tous les ministres présens et futurs, et suivre aveuglément leurs allures ; n'est-ce pas se ravaler à un esclavage d'autant plus ignoble qu'il est volontaire ?

Il est donc vrai qu'après l'accomplissement des révolutions ce sont les vaincus qui veulent commander aux vainqueurs ? étrange aveuglement que de renier ceux-là même qui nous ont porté au pouvoir !

Napoléon en fit de même, au 18 brumaire, il brisa ceux-là qui avaient servi à l'élever, mais il y eut cette différence, qu'avec son génie et un bras de fer, il comprima et réduisit au silence tous les partis.

Aujourd'hui c'est un gouvernement pâle et sans vigueur qui craint les uns et s'effraie des autres, et dans son aveuglement il ne s'aperçoit pas qu'il s'aliéne les esprits en marchant dans son *juste milieu.*

A juger les Français sur les apparences on serait véritablement disposé à penser qu'il y a dix fois plus d'aisance qu'avant la révolution : et en effet nos habits, le luxe intérieur de nos maisons, et tout en général, ne semble-t-il pas l'annoncer. Cependant que les apparences sont trompeuses ! ce luxe que nous étalons n'est plus qu'extérieur ; ce n'est plus l'aisance qui le produit, et pour qu'il soit durable c'est elle seule qui peut l'alimenter.

C'est le souvenir de notre industrie passée qui aujourd'hui entraîne encore la nation française vers le luxe qu'elle affiche ; mais la chemise de calicot cache peut-être plus de misère que ne le fit jamais la toile la plus grossière. Et ce qui pour quelques instans l'alimente ce luxe, ce sont nos manufactures qui donnent à vil prix pour exciter la vente et empêcher un encombrement. Mais bientôt nos manufacturiers s'enseveliront sous le poids de tant de marchandises, qui chaque jour s'agglomèrent dans leurs magasins, s'ils ne veulent écouter la voix de la sagesse qui leur dit que les temps sont changés.

De même qu'un voyageur s'éloignant à regret d'un rivage fertile jette sans cesse ses regards en arrière, de même nous plaçons nos affections dans le passé, et l'avenir n'est pour nous qu'un objet de crainte et d'effroi.

Il nous semble bien démontré que le luxe dans notre position présente atteste notre misère et rien de plus. Il n'a été réel que lorsque les vaisseaux des nations incivilisées se pressaient dans nos ports pour enlever nos productions, ou que par la puissance de nos armes nous les frappions de taxes de guerre. Rome fut-elle jamais plus brillante qu'au temps de ses conquêtes?

Une diminution dans les impôts est indispensable, ainsi que dans le nombre des employés. Que les places cessent d'être le seul commerce en vogue, qu'il n'y ait pas seulement deux classes dans la nation, l'une qui paye et l'autre qui absorbe : autrement le gouvernement y mettrait du raffinement, car au bon vieux temps la plupart des vassaux étaient en guenilles et sans instruction, tandis qu'aujourd'hui il aurait tous les propriétaires, et il ne resterait bientôt à ceux-ci que cette différence d'avoir plus d'instruction et d'être appelés messieurs.

Qu'on ne s'y trompe cependant pas, cette nouvelle

espèce veut être conduite par les voies de justice et d'équité; au lieu que l'autre, qui était abrutie par l'ignorance, n'avait pour frein que le fanatisme; faible digue qui lorsqu'elle vient à se rompre produit toujours un débordement qu'on n'arrête plus lorsqu'on veut.

Malgré la répugnance que le gouvernement paraît avoir pour l'économie, qu'il sache qu'une mauvaise administration dans les finances amène toujours des catastrophes. Nous savons qu'il est plus doux de s'endormir dans une imprévoyante indifférence que de s'armer sans cesse d'une sévère économie. La foule des courtisans qui s'attache aux pas des gens prodigues, par ses flatteries mensongères, leur cache les précipices qu'elle creuse devant eux.

Ce n'est donc pas assez d'avoir gémi pendant quinze ans sous le poids de la sainte alliance : aujourd'hui cette même ligue s'agite et veut encore nous retenir dans ses fers! comme au temps de ses désastres, la France ne marche qu'avec des lisières que retiennent entre leurs mains les cabinets d'Angleterre, de Vienne et de Saint-Pétersbourg.

Un vice roi anglais vient d'être placé aux portes de Paris!

Nos armées et nos vaisseaux restent captifs, ou ne marchent que d'après les signaux que nous transmettent ces mêmes cabinets et qui nous parviennent en forme par les protocoles. N'en doutez pas, il nous a fallu l'agrément des autres puissances pour nous présenter sous les murs de Lisbonne et là a dû se terminer notre mission.

En Afrique vous pourrez y séjourner et au prix de votre sang et de vos trésors y fertiliser le sol ; mais qu'on ne s'y trompe pas l'astucieuse Angleterre saura plus tard en recueillir les fruits.

Vos promenades en Espagne, en Morée ne sont-elles pas de véritables campagnes de commande ?

O rois qui voulez nous asservir encore, avez-vous sitôt oublié que dans Berlin, Vienne, Moskou, et tant d'autres capitales, nous plantâmes nos aigles ? ce même drapeau qui flota sur vos palais nous rallie aujourd'hui et Philippe I.er, entouré des baïonnettes françaises, peut se proclamer invincible et fouler aux pieds tous les protocoles qui voudraient contester à la France le premier rang parmi les nations civilisées.

FIN.

www.ingramcontent.com/pod-product-compliance
Lightning Source LLC
Chambersburg PA
CBHW061212050726
47594CB00008B/3647